# ¡OSOS SALVAJES!

# EL OSO PANDA

**Texto y Fotografías de
Tom y Pat Leeson**

BLACKBIRCH® PRESS

THOMSON
GALE

San Diego • Detroit • New York • San Francisco • Cleveland • New Haven, Conn. • Waterville, Maine • London • Munich

© 2002 by Blackbirch Press™. Blackbirch Press™ is an imprint of The Gale Group, Inc., a division of Thomson Learning, Inc.

Blackbirch Press™ and Thomson Learning™ are trademarks used herein under license.

*For more information, contact*
The Gale Group, Inc.
27500 Drake Rd.
Farmington Hills, MI 48331-3535
Or you can visit our Internet site at http://www.gale.com

ALL RIGHTS RESERVED
No part of this work covered by the copyright hereon may be reproduced or used in any form or by any means—graphic, electronic, or mechanical, including photocopying, recording, taping, Web distribution or information storage retrieval systems—without the written permission of the publisher.

Every effort has been made to trace the owners of copyrighted material.

Photo Credits: All images © Tom and Pat Leeson Nature Wildlife Photography.

---

**LIBRARY OF CONGRESS CATALOGING-IN-PUBLICATION DATA**

Leeson, Tom.
 [Panda. Spanish]
 El oso panda / by Tom Leeson y Pat Leeson.
   p. cm. — (¡Osos salvajes!)
 Includes bibliographical references and index.
 Summary: Describes the physical appearance, habits, hunting and mating behaviors, family life, and life cycle of giant pandas.
  ISBN 1-41030-001-3 (hardback : alk. paper)
  1. Giant panda—Juvenile literature. [1. Giant panda. 2. Pandas. 3. Spanish language materials.] I. Leeson, Pat. II. Title. III. Series: Wild bears!

QL737.C214 L4618 2003
599.789—dc21                                                             2002015920

---

Printed in United States
10 9 8 7 6 5 4 3 2 1

# Contenido

Introducción . . . . . . . . . . . . . . . . . . . . . . . . . .4

El cuerpo del panda . . . . . . . . . . . . . . . . . . . .6

Rasgos especiales . . . . . . . . . . . . . . . . . . . . .8

Vida social . . . . . . . . . . . . . . . . . . . . . . . . .10

Alimentación . . . . . . . . . . . . . . . . . . . . . . .12

Apareamiento . . . . . . . . . . . . . . . . . . . . . .14

Cría de los cachorros . . . . . . . . . . . . . . . . .16

El oso panda y el hombre . . . . . . . . . . . . . .21

Glosario . . . . . . . . . . . . . . . . . . . . . . . . . .24

Para más información . . . . . . . . . . . . . . . .24

Índice . . . . . . . . . . . . . . . . . . . . . . . . . . .24

# Introducción

El oso panda siempre ha fascinado al hombre. En el pasado, muchos creían que el panda poseía poderes especiales y habilidades curativas. Los emperadores de la antigua China tenían, en sus jardines, a pandas como mascotas.

Pocos han tenido la suerte de ver a un panda gigante. Estos osos son tan raros que muy pocos zoológicos de Norte América los tienen. Hoy en día, estos osos se encuentran en peligro de extinción y sólo viven en los bosques de bambú de la China central. Los científicos creen que sólo quedan unos 1,000 pandas salvajes.

**El territorio de los pandas**

CLAVE
Territorio del panda

**Lado opuesto arriba y abajo:** El panda gigante ha fascinado al hombre desde hace siglos. Sólo viven en los bosques de bambú de las agrestes montañas de la China Central.

El panda se ha retirado a zonas de mayor altitud a medida que el hombre ha invadido su hábitat. Ahora, el panda vive en los flancos casi verticales de las montañas de la China central. Pasa casi todo el año en áreas localizadas entre 5,000 y 12,000 pies de altura (1,525 a 3,600 metros). En el invierno, el panda migra (viaja) montaña abajo, para encontrar áreas más bajas y cálidas.

# El cuerpo del panda

En forma y tamaño, el panda se ve como los demás osos. Pero el inusual patrón de sus manchas se asemeja al de los mapaches. El cuerpo del panda está cubierto de pelaje blanco y negro. Tiene pelaje negro alrededor de los ojos, orejas, patas y hombros. Su cola es blanca y corta.

El panda gigante tiene pelaje lanudo y grueso que lo protege de los rigores del clima. En el invierno, nieva y hace frío en su hábitat montañoso. Incluso el verano puede ser frío y húmedo. El pelaje del panda es ligeramente aceitoso para impedir que la humedad penetre hasta la piel. Aunque su nombre lo diga, el panda gigante no es una criatura enorme. El adulto promedio mide 5 pies (1.35 metros) de largo y pesa aproximadamente 200 libras (90 kilos). De hecho, el tamaño del panda es sólo 2 o 3 veces el tamaño de un perro grande.

**Arriba:** Por sus manchas, muchos creen que el panda se asemeja al mapache.
**Abajo:** El panda tiene pelaje ligeramente aceitoso para evitar que el agua penetre hasta la piel.

El panda parece un poco torpe. Tiene una caminata bamboleante, pero cuando se asusta, puede trotar como un caballo. Con sus afiladas garras, puede trepar árboles fácilmente.

El panda es un animal crepuscular. Esto significa que está activo cuando hay media luz —mayormente en la mañana y en la tarde—. Hace siesta de 2 a 4 horas en la tarde. El panda puede dormir de espaldas, de estómago —o incluso abrazado a la rama de un árbol. ¡A veces, hasta ronca!

**Arriba izquierda:** El panda trepa árboles con sus afiladas garras.
**Arriba derecha:** Mide hasta 5 pies de altura (1.35 metros).
**Abajo:** Puede dormir en casi cualquier posición.

# Rasgos especiales

Un rasgo distintivo del panda es el "pulgar" especial en sus patas delanteras. Al igual que los monos y el hombre, el panda agarra y sostiene objetos entre el pulgar y los cojinetes de otros dedos. Pero, a diferencia de aquéllos, cuyos pulgares son un quinto dedo modificado, el pulgar del panda es una extensión de los huesos de su muñeca.

Un panda usa su pulgar para sostener un tallo de bambú.
**Recuadro:** Los pulgares del panda son extensiones del hueso de la muñeca.

Estas extensiones funcionan como un sexto dedo. Con el pulgar, el panda puede agarrar y sostener con facilidad el bambú, que es su principal fuente de alimento.

A diferencia de la mayoría de los osos, el panda tiene molares bien desarrollados. Estos grandes dientes planos sirven para masticar brotes de bambú duros. El panda también tiene fuertes músculos en la mandíbula para aplastar los tallos.

El panda no hiberna (no duerme durante el invierno) como los osos pardos y negros de Norteamérica. Aunque haya nieve, hielo y bajas temperaturas en su hábitat en China, el panda se queda despierto y busca comida durante el invierno. Los científicos creen que no hiberna porque el bambú no le da suficientes calorías para dormir durante varios meses sin comer.

El panda tiene excelente oído y olfato. Estos sentidos compensan su mala visión. Muchas veces el panda pasa cerca de su comida favorita ¡y no la ve!

El panda logra masticar el bambú gracias a sus molares y su fuerte mandíbula.

# Vida social

Al igual que muchos mamíferos, los pandas gigantes son tímidos y solitarios (prefieren vivir solos). Se comunican o "hablan" con otros pandas marcando su territorio con su olor. A veces, arañan los troncos de los árboles con las garras de sus patas delanteras. Otras veces, orinan en un arbusto o roca para dejar su olor. A menudo, los pandas gigantes soban un árbol o roca con las glándulas odoríferas que tienen cerca del ano.

Estas marcas y olores informan a otros pandas que un oso ya vive en esa área del bosque. También les permiten a los pandas evitar a otros osos de su especie, y esto previene peleas por un territorio.

Los pandas dejan marcas de olor arañando árboles con sus garras delanteras.

Algunos científicos creen que la coloración llamativa de los pandas tiene un rol importante en la interacción de los osos. El manto negro y blanco es inconfundible y permite que los pandas se detecten fácilmente entre los árboles. Esto les ayuda a encontrar pareja durante la temporada de apareamiento, y les permite evitar a otros pandas durante el resto del año.

Su llamativa coloración ayuda a los pandas a localizarse mutuamente durante la temporada de apareamiento.

# Alimentación

La dieta del panda es 95% bambú. El panda promedio pasa aproximadamente de 10 a 16 horas cada día comiendo, y consume entre 20 y 70 libras (10 a 38 kilos) de bambú. En un año, el panda come ¡más de 12 toneladas de bambú! El panda necesita comer tanto porque el bambú le da pocos nutrientes. El panda sólo digiere el 20% del bambú que come. Aunque es mayormente vegetariano, tiene casi el mismo sistema digestivo de los carnívoros (animales que comen carne).

El panda prefiere los brotes nuevos y tiernos del bambú, pero también come los tallos y las hojas. Aunque no le gustan los tallos viejos y fibrosos del bambú, el panda mastica estos tallos duros cuando escasea la comida.

**Arriba y abajo:** La dieta del panda consiste casi totalmente de bambú. Para tener suficientes nutrientes, el panda come aproximadamente 12 toneladas de bambú al año.

**Arriba izquierda:** En cautiverio, el panda a veces come manzanas.
**Arriba derecha:** El panda a menudo come echado.

El panda gigante también come flores silvestres y hierbas. A veces pesca, caza roedores pequeños o come miel. En zoológicos, come manzanas y zanahorias, además de bambú. Hay muchas especies distintas de bambú, pero el panda sólo come 25 tipos. Ocasionalmente, en áreas grandes, una especie de bambú, de la que comen muchos pandas, entra en floración (produce semillas) y muere. Si bien las nuevas plantas de bambú empiezan a crecer en un año, sólo después de 15 años son lo suficientemente grandes para alimentar al mismo número de pandas que antes. La falta de bambú es una seria amenaza para los pandas.

# Apareamiento

Los pandas pasan casi todo el tiempo solos, pero los adultos —de 4 años o más— buscan pareja entre marzo y mayo. Las hembras gimen y balan (como ovejas) cuando están listas para aparearse. A veces, ésto atrae a varios machos, pero la hembra sólo se aparea con el macho más fuerte y más agresivo. Después de aparearse, los dos pandas vuelven a su vida solitaria. Los pandas se aparean una vez cada 2 o 3 años.

Las hembras y machos se juntan sólo durante la temporada de apareamiento.

Las hembras sólo se aparean cada 2 o 3 años.

# Cría de los cachorros

Después de 5 meses, usualmente durante agosto o septiembre, nace una cría muy pequeña. La mayoría nace en un tronco hueco o una cueva. El recién nacido sólo pesa entre 3 y 5 onzas (85 a 142 gramos). La cría es ciega y tiene una delgada capa de pelaje blanco sobre su piel rosada. Usualmente, sólo nacen una o dos crías. Si nacen 2, es muy raro que ambas sobrevivan.

Una madre panda a menudo carga a su cría contra su pecho.

Al igual que las madres humanas, la madre panda pasa tiempo bañando y alimentando a su cría. Lame a su cachorro para mantenerlo limpio. La madre debe mantener a su cachorro y su madriguera limpios para no atraer a leopardos y perros salvajes hambrientos. La madre amamanta a su cachorro 12 a 14 horas por día. A menudo carga a su cachorro y lo sostiene contra su pecho, como haría una mamá humana.

**Derecha:** A medida que el cachorro crece, su pelaje se espesa y oscurece.
**Abajo:** La madre panda pasa mucho tiempo limpiando y amamantando a su cachorro.

Los cachorros aprenden a caminar y jugar a unos meses de nacidos.

Después de una semana, el pelo blanco en las orejas, hombros, patas y ojos del cachorro se empieza a poner gris. Después de 3 semanas, este pelo gris se vuelve negro, y la cría empieza a parecerse más a sus padres adultos. Los ojos se les abren a las 6 semanas, pero todavía necesitan dos semanas más para poder mantener ambos ojos abiertos, y otro mes más para que se aclare su visión.

Los cachorros empiezan a caminar a los 3 o 4 meses de nacidos. A los 8 o 9 meses, ya comen mayormente bambú. Al año, los cachorros pesan de 55 a 75 libras (25 a 34 kilos).

El cachorro permanece con su madre durante 18 meses.

En los 5 o 6 meses siguientes, el panda en crecimiento gana otras 40 a 50 libras (18 a 23 kilos). A los 18 meses, los cachorros son lo suficientemente maduros y experimentados para dejar a sus madres y vivir solos. Los pandas salvajes viven de 20 a 25 años.

# Otro tipo de panda

En la región montañosa de Asia donde vive el panda gigante, vive un animal más pequeño que comparte este territorio. El panda rojo, o panda menor, es pariente del panda gigante y el mapache. Es del mismo tamaño que el mapache, pero de un color pardo rojizo. Tiene una cola larga y tupida, y orejas puntiagudas.

El panda rojo es un animal nocturno. Esto significa que es más activo entre el crepúsculo y el amanecer. Pasa la noche buscando comida. Al igual que el panda gigante, al panda rojo le encanta el bambú. Pero a diferencia del panda gigante, su dieta también incluye plantas, raíces, huevos y mamíferos pequeños. Durante el día, el panda rojo descansa en las ramas de árboles altos.

# El panda y el hombre

El panda gigante es uno de los animales en más inminente peligro de extinción. Varios miles de años atrás, eran mucho más comunes y vivían en toda la China oriental y meridional. Se les encontraba incluso más al sur, en Vietnam, Laos y Myanmar (ex Birmania).

Pero el clima empezó a cambiar y el bambú ya no crecía en tantos lugares como antes. Al mismo tiempo, muchas personas empezaron a vivir en los últimos bosques de bambú que le quedaban al panda. Los recién llegados cortaron el bambú para crear tierras de cultivo. Sembraron maíz, papas, frijoles, y otras plantas para el consumo humano. Esta actividad humana destruyó los bosques de bambú, y redujo la disponibilidad de comida para los pandas, así como su territorio. Además, algunos pandas murieron al caer en trampas destinadas a otros animales.

Los biólogos estudian y crían pandas en la Reserva Wolong en China.

Actualmente, muchos trabajan para salvar al panda gigante. China ha creado varias reservas para el panda gigante y centros donde los científicos pueden ayudar a estas criaturas en peligro de extinción. En los Estados Unidos, algunos zoológicos tratan de criar pandas. Así también contribuyen a la investigación y preservación del panda.

Las reservas proporcionan bambú para el panda y lo protegen del avance de la civilización.

El panda no puede sobrevivir sin el respeto y la cooperación del hombre.

Con la ayuda del hombre, el panda tiene la oportunidad de re-establecerse en bosques de bambú estables. Sin la cooperación humana, este hermoso animal tiene muy pocas probabilidades de sobrevivir en el futuro.

## Datos sobre el panda

**Nombre:** Panda gigante, oso panda o —en chino— daxiong Mao (DA-SI-IONG MA-U)

**Nombre científico:** Ailuropoda melanoleuca

**Altura de hombros:** 25 a 32 pulgadas (64–81 centímetros)

**Largo del cuerpo:** 4–6 pies (1.2–1.8 metros)

**Largo de cola:** 5–7 pulgadas (13–18 centímetros)

**Peso:** 170-325 libras (77–147 kilos)

**Color:** Blanco y negro

**Madurez sexual:** A los 4 o 5 años

**La hembra se aparea:** Una vez cada 2 o 3 años

**Gestación:** Aproximadamente 5 meses

**Tamaño de la camada:** 1 a 2 cachorros, aunque usualmente sólo uno sobrevive

**Vida social:** Vive solo

**Comida preferida:** Brotes tiernos de bambú

**Hábitat:** Montañas boscosas de la China central

# Glosario

**agreste** Accidentado, empinado, difícil de transitar.
**carnívoro** Animal que come carne.
**clima** Las condiciones atmosféricas usuales en una región.
**crepúsculo** Hora del día cuando empieza a oscurecer.
**emperador** El gobernante de un imperio.
**en peligrode extinción** Una especie de animal o planta que está en peligro de desapareca.

**hábitat** El lugar y condiciones naturales que necesita una planta o animal para vivir.
**migrar** Viajar con el cambio de estaciones.
**modificado** Que sufrió pequeños cambios.
**nutrientes** Comida que el cuerpo usa para mantenerse fuerte y saludable.
**preservación** Protección, conservación.
**reserva** Un área de terreno donde ciertas criaturas y su hábitat están protegidos.

# Para más información

## Libros

Bailey, Donna. *Bears* (Animal World). Chatham, NJ: Steck Vaughn Company, 1998.
Bailey, Jill. *Project Panda* (Saving Our Species). Chatham, NJ: Steck Vaughn Company, 1990.
Barrett, Norman S. *Pandas.* Danbury, CT: Franklin Watts, 1990.
Dudley, Karen. *Giant Pandas* (Untamed World). Chatham, NJ: Raintree/Steck Vaughn, 1997.

## Dirección en la red

*Estación de Investigación del Panda Gigante*
Información del Parque de Animales Salvajes de San Diego sobre las características del panda, su conducta y conservación. Enlaces a una cámara en vivo que muestra a los pandas e información sobre un cachorro nacido en el zoológico —
www.sandiegozoo.org/special/pandas

# Índice

**A**pareamiento, 14
**B**osque, 4, 10, 21
**C**oloración, 6
comida, 12, 13
comunicación, 10
crías, 16-18
cuerpo, 6, 7
**D**ientes, 9
**H**ábitat, 4, 5
hombre, 5, 8, 23
**M**igración, 5
**O**lor, 10
**P**anda rojo, 20
pelaje, 6, 16, 17
preservación, 22,23
pulgar, 8
**R**eservas, 22